AF463409

# DISCOURS
## PRONONCE'

*Par* FRANÇOIS DE LAUNAY,
*Avocat en la Cour de Parlement,*

Pourveu par le Roy de la Charge de Professeur du Droit François,

*En la Salle du College Royal*

le 28. Decembre 1680.

*A l'ouverture de ses Leçons.*

A PARIS,
De l'Imprimerie de PIERRE LE MERCIER, ruë Frementelle, pres le Puits certain, au petit Corbeil.

M. DC. LXXXII.
*Avec Privilege du Roy.*

# MESSIEURS,

IL y a ſi long-temps qu'on ne m'a veu paroiſtre ſur le Bareau, qu'on ne doit pas s'étonner ſi j'ay de la confuſion, d'eſtre obligé de me preſenter aujourd'huy devant une ſi Illuſtre & ſi Celebre Aſſemblée; & s'il m'eſt permis de le dire, de faire l'honneur de la France, dans un établiſſement duquel on eſpere un bien universel, pour tous les ordres de la Justice.

En effet, si j'avois toûjours eu devant les yeux ce divin precepte, *Connois-toy toy-mesme*, il est certain, que mesurant mes forces au poids de cette entreprise, ie m'en serois excusé, dans l'apprehension où ie suis, que tous mes soins & tous mes efforts ne se terminent à la seule gloire d'avoir osé beaucoup entreprendre.

Car d'un costé, si l'on considere, que le commencement est ce qu'il y a de plus difficile en toutes choſes; & ſi de l'autre l'on regarde combien eſt grande la difficulté d'enſeigner le Droit du plus ancien & du plus floriſſant Empire de la Chreſtienté ; qui peut avec aſſeurance embraſſer cet employ ?

Entre les Arts, que les hommes ont inventez, ceux, qui ont eu un plus favorable accüeil dans le monde, ne ſont arrivez à leur perfection, que par divers degrez, & qu'apres de longues années.

Ne ſçait-on pas, MES-

SIEURS, que la Peinture n'estoit dans sa naissance qu'un épanchement confus de couleurs, pour ainsi dire, & que les Chefs-d'œuvres des premiers Peintres n'auroient pas été les ébauches de ceux qui sont venus depuis.

Mais enfin, le soin que l'on a pris de cultiver ce bel Art, l'a rendu si admirable, que selon le dire d'un Poëte, les Dieux mêmes auroient souhaité de ressembler à leurs images.

Cette même fortune est

arrivée à la Sculture, qui dans ſon commencement, ne pouvant qu'à peine, repreſenter un homme, a enfin merité cette loüange, d'avoir adjouſté quelque choſe à la Majeſté de Jupiter, & augmenté dans l'eſprit des hommes la veneration, que l'idée, qu'ils pouvoient avoir de la Divinité, leur en avoit pû inſpirer.

Il en eſt ainſi, MESSIEURS, de la Poëſie, de l'Art Oratoire, & de tous les autres Arts, car en verité, ceux qui nous en ont donné les premiers principes, ne nous en ont pas donné de grands établissemens ; au lieu que ceux que ces mesmes Arts rendẽt aujourd'huy si recommandables dans la Republique des Lettres, ramassant toutes les remarques & toutes les observations, qui ont esté faites de temps en temps, les ont portez au comble de leur gloire.

Aussi les premiers Poëtes, ny les premiers Orateurs, ne nous ont donné que des pieces grossieres

& ruſtiques ; de ſorte que parmy les Grecs, encore qu'Homere ait eſté precedé par pluſieurs Poëtes, on n'a pas laiſſé de luy donner cet éloge ſingulier, que n'y ayant eu devant luy perſonne qu'il pût imiter, il s'eſt rendu inimitable à tous ceux qui ſont venus apres luy.

Car ne diroit-on pas, MESSIEURS, que les ouvrages de ces premiers Poëtes ont eſté comme des broüillards & des nuages, d'où eſt ſortie cette belle lumiere, qui depuis a éclairé toute sa posterité ? Sur leurs modeles imparfaits, cet homme incomparable a formé des ouvrages, pour lesquels on luy a basty des Temples, on luy a consacré des Autels, on luy a offert des sacrifices, pour l'honneur desquels on luy a donné de la Divinité.

Parmy les Latins, Virgile nous en a donné un bel exemple, ayant converty en or, la boüe & la fange d'Ennius ; de cette boüe, de cette fange, ayant fait un ouvrage que l'on peut appeller le grand œuvre de la Poësie latine.

Il en est de même de ceux, qui les premiers ont monté sur la Tribune aux Harangues dans la Ville d'Athenes & dans la Ville de Rome ; ces premiers parleurs en public n'ayant fait que béguayer, ont formé des Orateurs, dont l'éloquence sublime & magnifique, vigoureuse & rapide, a esté comparée à la foudre, à des tempêtes, & à des orages.

La raison est, que dés le moment qu'une invention est découverte, il est aisé de remedier aux deffauts, qui s'y trouvent; & de la revestir des avantages, qui luy manquent.

Tant-y-a, que c'est une maxime constante que la gloire du premier effort est toûjours bien éloignée de la gloire de la derniere perfection.

Mais vous plaist-il, MESSIEURS, que je vous apporte un exemple particulier, qui puisse confirmer incontestablement la verité de ma proposition?

Ce seront trois mots d'Aristote,

d'Ariſtote, que ce grand genie de la Nature employe pour nous avertir que nous ne devons pas attendre de luy, qu'il ait pû achever l'Art de la Dialectique, parce qu'il dit l'avoir inventé.

*A l'égard de la Dialectique*, dit ce Philoſophe, *l'on ne peut pas dire qu'une partie en ait eſté cultivée, & que l'autre ſoit demeurée inculte & comme en friſche, parce que juſqu'à preſent, cét Art a eſté inconnu.*

*Si donc ceux*, ajoûte-

*t'il, qui liront ce Traité, estiment que ma Methode, en laquelle je n'ay esté aydé de personne, ne soit pas achevée, comme peuvent estre les autres Traitez, à la perfection desquels chacun a contribué, il sera de leur humanité de me pardonner les manquemens qui s'y trouveront, & de leur justice de me remercier des découvertes que j'y ay faites.*

Cette maxime, presuposée pour veritable, j'ay droit d'esperer, MESSIEURS, une ample excuse de toutes les imperfe-ctions, qui se pourront rencontrer dans l'execution du dessein, dont je suis chargé.

Et de vray, quelle étenduë de connoissance ne faudroit-il point avoir, pour ramasser les Loix, les Coûtumes, les Usages de tant de Provinces, qui n'ont presque rien de commun & de symbolisant entr'elles?

Quelle solidité de Jugement ne faudroit-il point avoir pour composer un corps de tant de membres qui ont si peu de simmétrie, & si peu de proportion entr'eux : C'est un ouvrage qui exige le sens de plusieurs testes, & le loisir de plusieurs années.

Au reste, ce n'est point une marque de la foiblesse de l'esprit humain, puisque c'est la nature de la chose, qui le veut ainsi; ce que nous ne pouvons pas contester, si nous considerons, que Dieu a observé luy-même cet ordre en la creation du monde, ayant reservé au quatriéme jour à embellir les choſes, qu'il avoit creées le premier jour, & diſpoſées le ſecond & le troiſiéme.

Que ſi ces conſiderations generales ne ſuffiſent pas, pour me mettre à couvert de quelque accuſation de temerité, j'auray recours à la ſaillie d'un Poëte, qui ſe crut capable de faire ce que l'Empereur luy demandoit.

*Car*, dit-il, *quand le Ciel commande au Laboureur de ſemer ſon bled, au General d'Armée de livrer Bataille, au Pilote de faire voile, ſans examiner ſi la*

*Terre est bien cultivée, si l'Armée est en bon ordre, si les vents sont favorables, il faut obeïr au Ciel, & confier au bon-heur de ses ordres le succés de l'action qu'il nous commande, il faut hardiment tout entreprendre sous une authorité à qui rien n'est impossible.*

Qu'il me soit donc ainsi permis d'esperer des ordres du Roy, ce que je ne puis attendre de la mediocrité de mon esprit.

Ses Armes estant heureuses, le dessein qu'il a de faire fleurir en mesme temps l'étude des Loix de ſon Royaume, ne peut avoir qu'un bon ſuccés; Auſſi la gloire de ce grand Monarque ne ſeroit pas parfaite, ſi ſa Juſtice ne diſputoit à ſa Valeur, qui à l'envy des deux feroit ſon premier éloge.

Or y a-t'il rien de plus utile, de plus neceſſaire, & même de plus glorieux à un Eſtat, que de rendre publique la connoiſſance des Loix de l'Eſtat: Les Perſes envoyoient leurs enfans aux Academies publiques pour y apprendre les Loix de leur Pays, comme les Grecs y envoyoient les leurs pour y apprendre la Grammaire de leur langue.

Chez les Gaulois nos Ancêtres, la ſcience des Sacrifices, & celle des Loix, eſtoient en pareille recommandation.

Les Druides exerçoient leurs Diſciples à leur faire apprendre par cœur leur Doctrine, qui conſiſtoit dans la Religion & dans la Juſtice.

Auſſi de là dépend le ſalut du peuple, & la conſervation de l'Empire. Le ſalut du peuple, parce que le peuple reconnoiſſant Dieu, & ſçachant rendre à un chacun ce qui luy appartient, ſon repos eſt aſſeuré. La conſervation de l'Empire, parce que tandis que ces deux Colonnes, ſur leſquelles ſont fondez les Empires, demeurent fermes, les Empires ſont inébranlables.

C'eſt donc avec raiſon que l'ignorance des Loix de la Patrie eſt en execration, ſur le fondement de cette divine parole du

Prophete Roy, *il n'a pas voulu apprendre à faire le bien qu'il doit faire.* L'ignorance des Loix qui regne en chaque Païs, estant criminelle, cét establissement que Monsieur le Chancelier procure aujourd'huy à la France est un bien universel qui doit renouveller tout l'estat, qui doit remplir de gens sçavans tous les ordres de la Justice, & nostre posterité, que cét établissement rendra heureuse, benira éternellement la Sagesse incomparable du Ministre

le Tellier

qui jette aujourd'huy les fondemens de ſon bonheur.

La premiere conſideration, que l'on peut avoir pour faire enſeigner le Droit François, eſt que le Droit Romain n'eſt pas le Droit commun de France.

Ce n'eſt pas mon deſſein de ralentir les eſprits, ny de les détourner de l'étude du Droit Romain, ſon authorité étant aujourd'huy répanduë dans tout l'Univers, le mépris que l'on en pourroit faire tomberoit ſur ceux qui le feroient, il n'a pas meſme beſoin de recommandation, tout le monde étant bien perſuadé que la lecture en eſt agréable, & la connoiſſance curieuſe.

Car outre la pureté & l'élegance du langage, qui a eſté un des plus beaux ornemens du ſiecle, où ont vécu les principaux Autheurs du Recueil, que nous appellons Digeſtes, l'on y void puiſſamment établie la veneration qu'ils croyoient devoir aux choſes ſaintes, & l'authorité

rité que les Souverains ont ſur leurs ſujets. L'on y void des maximes & des regles, qui fourniſſant dequoy decider des differens publics & particuliers, aſſurent la paix des Eſtats, & le repos des Familles.

Sur les fragmens qui nous reſtent des ouvrages de ces grands hommes, l'on peut juger ſainement que leurs ouvrages étoient des chefs d'œuvre.

Auſſi s'eſt-il jamais rien raconté de plus noble & de plus glorieux dans la Republique des Lettres, que de voir la resolution d'un particulier prise dans son cabinet, sur une affaire particuliere, servir de Loy generale dans un Empire qui gouvernoit tout le monde.

Il eût esté avantageux à la même Republique, que ces mêmes Consultans eussent esté des Legislateurs, nous ne verrions pas aujourd'hui, une forest épaisse de Loix, dont l'obscurité, presque impenetrable, cause des égaremẽs perpetuels dans la decision des affaires.

Mais d'ailleurs, en verité, eſt-ce faire honneur à la France, que de nous vouloir aſſujetir (j'entens parler d'une ſujetion ſervile) à cette legiſlation étrangere ?

Qu'on liſe le Droit Romain ſuivant l'Ordonnance de Charlemagne, pour ſe remplir la memoire de pluſieurs belles eſpeces qui s'y rencontrent, pour former ſon jugement ſur pluſieurs belles deciſions qui y ſont rapportées, mais non pas pour le ſuivre comme une Loy inviolable parmy nous.

Car encore que je ne regarde qu'avec respect les sentimens de Papinien, de Paul, d'Ulpien & de tous ces autres Jurisconsultes, bien que leurs fragmens soient, pour ainsi dire, des choses precieuses à mes yeux, je ne vois pas la raison, qu'on peut avoir de nous donner pour Loix, des resolutions renduës sur des faits particuliers, dans lesquels le plus souvent, nous ne penetrons gueres avant; des resolutions renduës par des gẽs, qui n'avoient point d'autre but, que celuy de donner leur avis aux personnes, qui les consultoient.

Et mesmes, il faut croire, que si ces grands Personnages avoient eu en veuë de faire des Loix, que tous le Sujets d'un si grand & si redoutable Empire, eussent dû regarder cõme la regle de leurs actions; ils auroient donné apparemment quelque air de grandeur & de majesté à leurs écrits; Ils auroient parlé avec autorité, au lieu de cette grande modeſtie, & de cette honneſte timidité, avec laquelle ils répondent preſque toujours.

Je loüerois un homme qui auroit fait ce Recueil pour ſon uſage particulier; mais je ne ſçaurois loüer Tribonien, qui de ce Recüeil en a fait un corps de Droit, pour ſervir de Loy au public.

Que les membres donc, de ce corps, ſoient d'une beauté admirable, j'en demeure d'accord; mais ils compoſent un corps qui ne donne point d'admiration; les morceaux en ſont tout precieux , ils charment , ils raviſſent , à la bonne heure, mais l'aſſemblage de ces morceaux , choque & dégouſte.

Et combien de fois nos Juriſconſultes ont-ils dit?
*Facinus Triboniani,*
*Emplaſtrum Triboniani.*

Combien de fois ont-ils dit en termes équivalens ? *Que le Digeſte eſt un beau viſage, mais un viſage tout couvert de balafres & de coutures; Que c'eſt un beau corps , mais un corps dont tous les membres sont ou disloquez, ou couverts de playes.*

Mais quand ie fais reflexion sur le motif qui a porté Justinien à nous donner son Digeste & son Code, je ne puis que je n'admire le bizare destin des Lettres; car voyez, MESSIEURS, comme il se mocque de la prudence humaine, comme il renverse les resolutions de ceux mesme dont les réponses sont appellées Oracles, dont les Edits sont appellez Lettres Divines.

Voicy Juſtinien, c'eſt à dire, un Empereur qui prend le titre de vainqueur des Allemans, des Gots, des Francs, des Alains, des Affriquains, des Vandales, un Empereur qui ſe donne de la Divinité & de l'éternité : Cet Empereur conſiderant la vie de l'hõme, qui eſt courte & voulant abreger ſes études, que cette maſſe de Livres impenetrable à un hõme ſeul, rendoit cõme inutiles, ordonne d'en tirer quelques endroits, où l'on pût trouver des deciſions & des maximes, pour regler les differens des hommes ; & il eſt arrivé, que la neceſſité d'éclaircir ce qu'il avoit fait tirer de ce cahos de Loix, a fait faire plus de méchans Livres, qu'il n'en a eſté ſupprimé de bons, a fait faire plus de Commentaires, que l'on n'a ſupprimé d'originaux, que nous aurions entendus ſans commentaires.

Les Empereurs ſucceſſeurs de Juſtinien ont-ils eu pour ſa legiſlation cette déference, que l'on nous veut inſpirer ?

Qu'on voye les Compilations poſterieures faites ſous le regne des Empereurs, Michel, Baſile, Leon, Alexandre, Conſtantin, Baſile Porphirogenete; elles portent pour titre, *qu'elles purgent, qu'elles corrigent les Loix de Iuſtinien.*

L'ordre d'avoir fait un corps à part des Digeſtes, un corps à part du Code, un corps à part des Inſtitutions, un corps à part des Novelles, leur ayant ſemblé confus & embaraſſant, ils ont mis ces quatre corps en pieces & par morceaux, & de quelques pieces & de quelques morceaux qu'ils ont choiſis, ils en ont fait un corps unique.

Ce qui me fait ſouvenir de ces Innocentes Parricides, qui déchirerent, qui démembrerent leur pere, pour luy faire un corps tout neuf.

Ces ſages Empereurs reduiſirent donc, ſous un meſme titre, tout ce qui étoit dans ces quatre Compilations, concernant

nant le mariage, les tutelles, les teſtamens, & ainſi du reſte, ils rejetterẽt toutes les redites, toutes les antinomies prétẽduës ou veritables; ils retrancherent enfin, tout ce qu'un uſage contraire avoit depuis abrogé, ne retenant que les Conſtitutions, qui eſtant fondées en Juſtice, avoient eu cours depuis leur établiſſement, juſques à cette ſage & prudente reformation.

Cela eſtant, le Droit Romain, obſcur & confus comme il eſt, pourroit-il eſtre le Droit commun de France ?

Je reſerve à un autre diſcours les raiſons eſſentielles, qui rendent inconteſtable la verité de cette propoſition, & en attendant, vous me permettrez, s'il vous plaiſt, MESSIEURS, d'obſerver icy ſeulement, que nous avons toujours eu des Loix domeſtiques, des Loix ſingulieres à la France, qui ont cõpoſé ſon droit civil.

La Gaule Narbonnoiſe a eſté prés de ſix cẽs ans, ſous la domination des Romains, mais pendant tout ce temps-là, elle a toujours vécu ſans reconnoiſtre les Loix Romaines.

La Colonie que ce grand Orateur Craſſus, encore tout jeune, établit à Narbonne, juſtifie ſeulement que la Ville de Narbonne avoit du reſpect pour la majeſté de l'Empire, ſans eſtre ſoumiſe à ſes Loix.

Les Loix de nos Druïdes, n'ont-elles pas eſté connuës de toute l'antiquité?

Cesar nous apprend que les Belges, les Celtes, les Aquitains, avoient des Loix & des Coutumes toutes differentes les unes des autres.

Mais venons au gouvernement de la France, sous la premiere race de nos Rois ; nous avons la Loy appellée, par excellence, la Loy Françoise, qui est la Loy Salique; cette Loy Royale, cette Loy descenduë du Ciel, qui a cõservé pres de treize siecles, la Couronne dans sa premiere splendeur, & qui la conſervera dans la meſme ſplendeur, juſqu'à la fin des ſiecles.

Outre cette Loy generale, les Hiſtoires nous apprennent que chaque Contrée avoit la ſienne en particulier.

Thierry, fils aîné de Clovis, ayant du vivant de ſon pere, enlevé aux Viſigots, l'Auvergne, le Roüergue, le Quercy, convoqua dans la Catalogne, où il étoit alors, les Etats de France, & par l'avis des gens élevez dans la connoiſſance des Loix de ſon Royaume, fit rédiger par écrit, la Loy des François, celles des Allemans, des Bajuvariens, afin que chacun de ſes ſujets pût vivre ſelon ſa Coutume particuliere.

La preface des Bajuvariens, de qui nous ſçavons cette Aſſemblée de notables convoquez en Catalogne, nous apprend auſſi, que Theodoric ajoûta à ces Loix, ce qui y étoit neceſſaire, qu'il en retrancha ce qui y étoit ſuperflu, & que ce qui avoit été receu, ſuivant la Coutume des

Payens, fut changé selon la Loy des Chrestiens.

Mais comme il y a des maux, qui en vieillissant deviennent incurables, cette même preface nous apprend, ensuite, qu'il y eut bien des choses que Theodoric ne put corriger, l'ancienne Coutume des Payens, ayant plus de force & plus d'authorité, que ses nouvelles Ordonnances.

Neantmoins, comme la perseverance à bien faire, est toujours couronnée, le peu de succez qu'eut Teodoric, n'empêcha pas Childebert, parvenu à la Royauté, de faire sa tentative, & en effet, il commença la correction que Clotaire, son successeur, acheva.

Enfin cette même Preface nous dit, que Dagobert, Roy tres-glorieux, par l'avis des Sages, renouvella toutes ces choses, & que donnant une nouvelle forme aux Loix anciennes, il ordonna que chaque Nation se conduiroit selon sa Loy, ce qui s'observe encore presentement, dit la Preface.

Si le Droit Romain avoit esté receu en Frãce, sous le regne de tous ces Roys, il est certain que toutes ces reformations de Loix n'auroient point esté faites.

Les descendans de Clovis auroient-ils esté obligez de travailler avec tant de soin à la reformation des Loix des François, des Allemans & des autres?

Dans tous ces gros Volumes que Tribonien nous a donnez, n'eût-on pas trouvé dequoy resoudre toutes les difficultez qui se pouvoient presenter en ce temps-là ?

Du moins, selon toutes les apparences, l'on auroit pris du Droit Romain ce qui seroit trouvé propre & convenable aux mœurs de tous ces differens peuples, sujets de la Couronne de France.

C'est donc un fait constant, que sous les Meroüingiens, le Droit Romain n'étoit point le Droit commun des François.

Mais sous les Carlovingiens, la Juriſprudence Romaine regnoit-elle en France ? Eginar Chancelier de France & Gendre de Charlemagne, dit, que de ſon temps, il y avoit en France deux Loix extrémement differentes, & je croy avoir prouvé dãs un diſcours qui ſervira de préface aux inſtitutions que j'ay à dicter, que ces deux Loix ſont, la Loy Salique, & la Loy Ripuaire.

Donc ces deux Loix regnant dans les Gaules, du temps de Charlemagne, l'on ne peut pas dire que le Droit Romain fût du temps de Charlemagne, le Droit commun de la France.

Il est vray, qu'il y avoit en France quelques gens qui vivoient selon la Loy Romaine, mais il y avoit une Loy commune, qui décidoit tout ce qui n'estoit pas reglé par toutes ces autres Loix. *Tous les Sujets Romains, Lombards, Bajuvariens, Ripuariens, doivent regler leur vie*, disent les Capitulaires, *selon la Loy commu-*

*ne que Charles Roy des François & des Lombards a faite par forme d'Edit.*

La confusion & le desordre que causoit cette multiplicité de Loix, qui y regnoient encore sous le regne de Loüis le Debonnaire, donnerent occasion à S. Agobard de luy remonstrer, *que nostre Seigneur nous ayant tous rendus membres d'un même corps, cette diversité de Loix étoit comme un obstacle à l'operation de l'unité que Dieu avoit faite de nous tous.*

*Cette diversité est si grande, dit ce sçavant Prelat, qu'elle se rencontre non seulement en chaque Pays de la France, mais mêmes en plusieurs familles de chaque Pays; car il arrive souvent, que de cinq personnes qui resideront en un même lieu, ou qui voyageront en un même Pays, il ne s'en trouvera pas deux, qui dãs les choses passageres de ce monde soient sujets à la mesme Loy, quoy que dans les choses éternelles du Ciel, ils reconnoissent tous la Loy unique de Iesus-Christ.*

Il faut ſouhaitter qu'il plaiſe à Loüis le Grand, d'ajoûter à ſes Conquêtes cét ouvrage, dont l'execution luy ſera auſſi glorieuſe, que ſalutaire à ſes ſujets.

Car la multiplicité des Loix étãt une marque de la corruption d'un Etat, il eſt de la gloire de ce grand Monarque, de bannir toute corruption d'un Royaume, que la Nature & la Loy ont ſoumis à ſon Empire.

Je paſſe ſous ſilence une infinité d'autres preuves,

pour venir au gouverne-ment de la race regnante; & cette Partie je la tran-cheray en deux mots, de peur, MESSIEURS, d'être trop long.

C'est une chose connuë de tout le monde, que les Ducs & les Comtes de-venus proprietaires de leurs gouvernemens, u-surperent tous les droits Royaux; & que comme Souverains, ils se firent des vassaux & des sujets, à qui ils estimerent avoir droit de donner, comme à leurs creatures, des Loix appellées Coutumes. Ce qui me remet en la memoire l'obſervation des Peres de l'Egliſe, ſur ce que Moyſe ayant à propoſer au peuple ſoumis à ſa conduite, la Loy que Dieu luy avoit dictée, commença ſon diſcours par l'hiſtoire de la creation du monde, pour faire connoiſtre aux Hebreux, *que Dieu étant leur Createur, ils étoient obligez d'obſerver la Loy qu'il avoit à leur donner de ſa part.*

Or ſi le Droit Romain

avoit esté adopté en France, pour ainsi dire, toutes ces differentes Coutumes auroient-elles esté faites? A quoy auroient servy les Etablissemens de S. Loüis, le Conseil de Messire Pierre de Fonteine, le Livre de Beaumanoir, la Somme Rural?

Ouy mais, dit-on, toutes ces pieces empruntent quelque chose du Droit Romain; je l'avoüe, mais parce que les Loix des douze Tables ont esté faites des Loix Grecques, le Droit Attique a-t'il jamais esté le Droit commun de Rome ?

Parce que les Loix Grecques ont esté prises de la Loy Mosaïque, le Pentateuque a-t'il jamais esté le Droit commun de la Grece ?

Quoy qu'il en soit, les cas obmis dans les Coutumes ne se décidant point selon le Droit Romain, (car on a recours à l'usage de chaque Province) c'est une demonstration que le Droit Romain n'est pas nostre Droit en France.

Pour conclure ce discours, j'ay reſervé une preuve encore plus convaincante, & qui toute ſeule peut ſuffire pour établir la verité de ma propoſition.

Il eſt certain, que jamais aucune cõſtitution d'Empereur Romain n'a eu lieu en France, ſi nos Roys n'ont fait une Ordonnance contenant la même diſpoſition portée par la conſtitution Imperiale.

L'Edit des Meres, celuy de la condannation des dépens, celuy du témoignage des Femmes,

& les autres , que je rapporterois icy presentement , si le temps me le permettoit ; tous ces Edits auroient-ils esté necessaires , si le Droit Romain étoit nostre Droit François ?

Toutes ces choses ne pouvant donc pas recevoir de difficulté, je croy, MESSIEURS, que ma proposition ne peut plus faire de peine dans l'esprit de personne; & cela étāt, l'utilité & même la necessité d'enseigner le Droit François , est toute manifeste.

Que la commodité & l'avantage de l'enſeigner en noſtre langue, ſoient tres-conſiderables, tout le monde en demeure d'accord. Et de vray, aujourd'huy que nous voyons *noſtre lãgue élevée preſque à la hauteur de la Grecque & de la Latine*, aujourd'huy qu'elle eſt ſi opulente & ſi noble, ne ſeroit-ce pas luy faire une grande injure que d'avoir recours à une langue étrangere, pour repreſẽter une Juriſprudence qu'elle a formée, qu'elle a reveſtuë de tous les ornemens qui la peuvent rendre agreable, qu'elle a enrichie de tous les termes neceſſaires pour la rendre intelligible à tout le monde.

Il a eſté dit ſagement, *que préferer une langue étrangere à ſa lãgue maternelle, c'eſt préferer une concubine à ſa legitime épouſe*; & l'on peut ajoûter icy, que préferant de méchans mots latins, des mots françois latiniſez, à de bons mots françois, ce ſeroit préferer le viſage d'une courtiſane couvert de plâtre, à la beauté naturelle d'une honnête femme.

Le destin de la langue Françoise est trop heureux pour tomber dans ce mépris; ouy, MESSIEURS, nôtre langue a droit de tout esperer de la bonne fortune d'un Ministre, qui orné de tant d'autres grãdes connoissances, ne laisse pas de la cherir, & qui a bien voulu s'associer à ceux qui font profession de la deffendre. Mais aussi, ce Ministre a droit d'esperer d'elle, que la gloire qui

M. Colbert.

qui eſt deuë à ſes ſervices, à ſa fidelité incorruptible, & à ſa vigilance infatigable, ne s'effacera jamais de la memoire des hommes.

Au reſte, ce m'eſt une neceſſité de me ſervir de nôtre langage maternel, car Loüis XII. ayant ordonné, *que toutes les procedures criminelles*, & François I. *que tous les actes publics, redigez par les Greffiers & par les Notaires, ſeroient écrits en François*: Ne ſeroit-ce pas contrevenir à leurs Ordonnãces que de parler de ces choſes, en une autre langue que la nôtre ?

Un grand Perſonnage du dernier ſiecle, dit avec raiſon, *qu'il n'y a pas de choſe plus étrange dans le monde, que de voir un peuple obligé à ſuivre des Loix qu'il n'entend point, de le voir attaché en toutes ſes affaires domeſtiques, mariages, donations, teſtamens, achapts, ventes* de le voir, dis-je, *attach à des regles & à des maxi mes qui ne ſont ny écrite ny publiées en ſa langue.*

Mais ce ſeroit encore contrevenir à l'exemple de tous les autres peuples de la terre ; car il eſt certain, comme il a eſté obſervé, *que depuis la creatiõ du monde, l'on n'a enſeigné les Sciences qu'en langue vivante & maternelle.*

Les Gaulois, les Egyptiens, les Perſes, les Grecs, les Romains, n'ont point emprunté le ſecours des langues étrangeres, pour faire apprendre les Myſteres de leur Religion, ny les maximes de leur Juriſprudence.

Et ce n'eſt pas d'aujourd'huy qu'en France, l'on a eu la même penſée ; feu Monſieur le Chãcelier de l'Hôpital, propoſa de fonder dans Paris, des Colleges François, pour y enſeigner les Sciẽces en nôtre langue. Feu Monſieur le Cardinal du Perron, pouſſé du même zele a fait la même tentative.

Mais enfin, MESSIEURS, l'accompliſſement de ce noble projet étoit reſervé à Monſieur le Chãcelier ; ſon jugement qui conduit toûjours l'inclinatiõ qu'il aà faire le bien en toute rencontre, luy a trouvé ce merveilleux ſecret de joindre à la gloire du Roy, le bon-heur de ſes Sujets, & d'attirer à ſa Majeſté les benedictions de tous ceux qui vivent preſentement, & de tous ceux qui viendront apres nous, en recõnoiſſance du bien univerſel, que cét établiſſement doit procurer à la France.

En effet, ſi l'ignorance de nos Ordonnances & de nos Coutumes, ſi l'ignorãce des veritables maximes du Palais eſt la principale cauſe de la chicane, qui infecte la ſocieté civile, l'on peut eſperer avec raiſon, que cette inſtitution publique du Droit François, apportera le remede au mal qui nous afflige.

Mais je ne puis diſſimuler, MESSIEURS, que j'ay bien de la douleur, de voir que toutes les choſes, qui ſont neceſſaires à l'execution de cet heureux deſſein, me manquent; l'on me fait prẽdre un chemin *où je ne trouve ny guide ny compagnie*, & même, je n'ay pas eu le temps d'en revoir la carte, c'est à dire, le temps de me rafraîchir la memoire des choses que j'ay veuës, & de m'instruire de celles que je n'ay pas veuës.

Et ce qui m'afflige davantage, est la reflexion que je fais de ne pouvoir répondre à l'attente que peuvent faire esperer de moy, la splendeur & la dignité du Barreau, où j'ay esté élevé.

Il faut neantmoins obeïr aux Ordres du Roy, qui

apres avoir imposé des Loix à toute l'Europe, en luy donnant la Paix, n'a point d'autre pensée, que de rendre la France heureuse, en faisant regner la Justice dans son Royaume.

M M. de Bou-cherat, de Pe-rois, le Pelet et Bigot.

Pour cela, l'honneur que Messieurs les Commissaires font aux Lettres, échausse & encourage mon esprit ; il me semble que leur lumiere m'éclaire, que leur vertu me fortifie ; aussi ne souhaiterois-je pour bien enseigner le Droit François, que d'avoir un recüeil des connoiſſances, qu'ils en ont acquiſes; & un regiſtres des Jugemens, qu'ils ont rendus, ſuivant leurs connoiſſances.

Je finiray donc, MESSIEURS, par cette declaration, qu'à la verité, je n'eſpere pas de pouvoir atteindre où je tends; mais auſſi, que je tâcheray d'en approcher le plus prés qu'il me ſera poſſible.

Et ayant appris d'un Proverbe Grec, *que ce n'eſt pas aſſez que de ſçavoir bien chanter, mais qu'il faut encore sçavoir chanter au gré des Dieux*, je suivray les traces qui m'ont été marquées, ayant toujours le soin de tenir le juste milieu, entre l'honneur du public, & l'utilité des particuliers.

FIN.

## *Extrait du Privilege du Roy.*

LE Roy par ses Lettres Patentes données à S. Germain en Laye le 6. Mars 1681. Signées LE NORMANT, & Scellées, a permis au Sieur François de Launay, Avocat en Parlement, pourveu de la Charge de Professeur du Droit François, de faire imprimer un Discours qu'il a fait à l'ouverture de ses Leçons ; par tel Imprimeur qu'il voudra choisir, pendant & si long-temps qu'il exercera ladite Charge : Faisant deffences à tous Libraires, Imprimeurs, & autres de contrefaire ny faire contrefaire ledit Discours, à peine de confiscation des exemplaires, trois mil livres d'amende, & autres peines portées par ledit Privilege.

*Registré sur le Livre de la Com-*

*munauté des Libraires & Imprimeurs de Paris, le 6. Fevrier 1682. suivant l'Arrest du Parlement du 8. Avril 1658. & celuy du Conseil Privé du Roy du 27. Fevrier 1665.*

Signé C. ANGOT, Syndic.

www.ingramcontent.com/pod-product-compliance
Ingram Content Group UK Ltd.
Pitfield, Milton Keynes, MK11 3LW, UK
UKHW012246240726
13966UKWH00004B/1326

9 782011 343727